D1877677

पूर्ण पुरुष

विजय पण्डित

वाणी प्रकाशन

वाणी प्रकाशन

4695, 21-ए, दरियागंज, नयी दिल्ली 110 002

फ़ोन : +91 11 23273167 फ़ैक्स : +91 11 23275710

शाखाएँ

अशोक राजपथ, पटना 800 004, बिहार

कॉफ़ी हाउस कैम्पस, महात्मा गांधी मार्ग, इलाहाबाद 211 001, उत्तर प्रदेश

महात्मा गांधी अन्तरराष्ट्रीय हिन्दी विश्वविद्यालय, वर्धा 442 001, महाराष्ट्र

36/ए, शेक्सपीयर सरणी, रानी बिरला गर्ल्स कॉलेज के पास, कोलकाता 700 017, प. बंगाल

www.vaniprakashan.com
marketing@vaniprakashan.in
sales@vaniprakashan.in

Poorn Purush
by Vijay Pandit

ISBN : 978-93-5518-360-6
Play

© विजय पण्डित

प्रथम संस्करण 2023

मूल्य : ₹ 299

इस पुस्तक के किसी भी अंश को किसी भी माध्यम में प्रयोग
करने के लिए प्रकाशक से लिखित अनुमति लेना अनिवार्य है।

आर. टेक ऑफ़सेट प्रिंटर्स, दिल्ली-110 032 में मुद्रित

वाणी प्रकाशन का लोगो मक़बूल फ़िदा हुसेन की कूची से

सुप्तं प्रमत्तं विषमस्थितं वा
रक्षन्ति पुण्यानि पुरा कृतानि।

मृदुला
के लिए
जिनसे
मैं पूर्ण हूँ।

पूर्व रंग

'पूर्ण पुरुष' मात्र समग्र और शाश्वती की कथा नहीं है, अपितु एक विशेष कालखण्ड में पति–पत्नी से भी परे पुरुष–स्त्री की संवेदनाओं और मनोभावों की कथा है। इस कथा में कोई भी प्रतिनायक नहीं है। सब के अपने स्टैंड हैं। सबको पूर्णता की तलाश है, फिर भी कोई पूर्ण नहीं है। पूर्णता यात्रा हो सकती है, लेकिन गन्तव्य नहीं।

यह नाटक आज से क़रीब दो दशक पहले लिखा गया था जब मैं उन्नाव में रहा करता था। और केवल दो–तीन दिन की लगातार बैठकी में। बाद में साहित्य कला परिषद्, दिल्ली द्वारा इसे प्रतिष्ठित 'मोहन राकेश सम्मान' से सम्मानित किया गया। हमारी नाट्य संस्था 'अनुष्ठान' उन दिनों पूरी तरह से सक्रिय थी। किन्तु समय के साथ संस्था के बहुत से सदस्यों का लखनऊ और दिल्ली के नाट्य संस्थानों में चयन हो गया। प्राची पाठक 'राष्ट्रीय नाट्य विद्यालय' से आकर उन्नाव में 'अनुष्ठान' द्वारा कई नाटकों का निर्देशन करके मुम्बई जा चुकी थीं। उन्हीं दिनों उन्नाव पुस्तक मेला और महोत्सव का आयोजन हुआ तो उसमें हर वर्ष की तरह नाट्य प्रस्तुति की आवश्यकता हुई, तो प्राची ने मुम्बई में रह रहे रंगकर्मियों को लेकर इसे निर्देशित करने का निर्णय लिया। इस तरह इसका पहला मंचन हुआ।

प्रथम प्रस्तुति के बाद संशोधन की प्रक्रिया चलती रही। अपने ही लिखे पहले ड्राफ़्ट से मैं बहुत सन्तुष्ट नहीं था। विशेषकर भाषा को लेकर। क़रीब दसियों साल बाद जब इसे फिर पढ़ा तो लगा कि इसकी भाषा बहुत ही संस्कृतनिष्ठ है। यद्यपि यह हमारे घर की सामान्य बोलचाल की भाषा है और बाद में इसका नुक़सान मुझे

फ़िल्म और टेलीविजन लेखन में भी उठाना पड़ा है, लेकिन पहले ड्राफ़्ट से अब तक बहुत कुछ बदला है। बहुत से अनावश्यक दुहराव को भी हटा दिया है। शाश्वती और समग्र के कुछ संवाद लम्बे हैं, लेकिन प्रत्येक संवाद की अपनी ज़रूरत होती है इसलिए बहुत कतरब्योंत नहीं की। एक निर्देशक होने के कारण मैंने निर्देशकीय संकेत भी बहुत दे रखे थे। पहले ड्राफ़्ट में तो कॉस्टयूम के रंग इत्यादि भी तय कर दिये थे। वैसे ये निर्णय निर्देशक का होता है, किन्तु बहुत से निर्देशकीय संकेत चरित्रों को समझने के लिए ज़रूरी होते हैं। नाटक में लैंडलाइन टेलीफ़ोन का प्रयोग है, यह समय के साथ अप्रासंगिक नहीं हुआ है। टेलीफ़ोन की अपनी एक भूमिका है जो कि बहुत सी स्थितियों को जन्म देता है और उस कालखंड का भी चित्रण करता है जिस समय की यह कथा है और किसी भी कथा और उस के पात्रों को समझने के लिए काल विशेष की जानकारी आवश्यक होती है।

पहले ड्राफ़्ट में समग्र का स्वप्न नहीं था। समग्र, अतिरेक, शाश्वती और शाशा सभी आते हैं इस जोड़े हुए दृश्य में। और सपने में तो लेखक को पूरी लिबर्टी रहती है कि वह चरित्रों के साथ कैसा खेल करता है।

मैं आभार व्यक्त करता हूँ सभी निर्देशकों, प्रस्तुतकर्ताओं और रंगकर्मियों का, विशेषकर अग्रज सम श्री जे.पी. सिंह (जयवर्द्धन जी), चित्रा सिंह जी (दिल्ली), श्री आलोक रस्तोगी, श्री अजय मुखर्जी (प्रयागराज), श्री राजेन्द्र गहलोत (जयपुर) व सुश्री प्राची पाठक (मुम्बई) का जिन्होंने इसका मंचन करने का जोखिम उठाया। साथ ही आभार वरिष्ठ रंग–निर्देशक श्री सूर्या मोहन्ती व लेखक मित्र श्री ज़ाकिर ख़ान (उडिया अनुवादक) का, जिन्होंने भुवनेश्वर में इसका उड़िया में मंचन कराया। इसके साथ ही मंच और मंच से परे के उन सभी कलाकारों को साधुवाद, जिन्होंने इन प्रस्तुतियों में पूर्ण आस्था के साथ अपना योगदान दिया।

इस नाटक की दो प्रतिभाशाली अभिनेत्रियाँ, चित्रा सिंह जी (दिल्ली) और पूजा ठाकुर जी (प्रयागराज) हमारे बीच नहीं रहीं। चित्रा जी ने शाश्वती की भूमिका के साथ इसका निर्देशन भी किया था। उन दोनो की भावभीनी श्रद्धांजलि।

हमारे परिवार के मुझ सहित चार सदस्य भारतेन्दु नाट्य अकादमी और दो सदस्य राष्ट्रीय नाट्य विद्यालय के हैं– शैलजा पाठक, प्राची पाठक व राकेश पाण्डेय। तो कुल मिलाकर रंगमंच की पृष्ठभूमि और वातावरण के कारण लेखन और मंचन का हौसला बना रहता है।

पत्नी डॉ. मृदुला पण्डित के बिना मैं किसी भी तरह की रचनात्मकता की कल्पना नहीं कर सकता। वो सबसे बड़ी आलोचक भी हैं। कभी–कभी ऐसा भी होता है कि जिस किसी भी रचना या कार्य को मैं समझता हूँ कि बड़ा ही उत्कृष्ट है, उसकी कमियों को बताकर सत्य का बोध करा देती हैं। इसलिए किसी भी कार्य को करने के बाद दसियों बार मुझे जांचना–परखना पड़ता है। अपनों को आभार के लिए शब्द निश्चित रूप से मेरे जीवन के शब्दकोश में नहीं है। माँ और बाबू जी आज होते तो इस प्रकाशित कृति को देख कर आह्लादित होते क्योंकि किताब पढने का संस्कार गाँव के घर में संगृहीत कपड़ों में बंधी बाबू की पोथियों से ही मिला था। नमन करता हूँ उन दोनों को, उनका आशीष सदा बना रहे।

इसके लिखने और प्रकाशित होने के अन्तराल में बेटी श्रीजी का घर में आगमन हुआ। श्रीजी और कार्तिकेय इसे उलट–पलटकर ज़रूर ख़ुश होंगे। सूर्यकान्त पाठक, सलिल पाठक और पूजा पाठक सदैव मेरे काम के प्रशंसक रहे हैं. सबको स्नेह। लेखक मित्र विपिन कुमार शर्मा ने पाण्डुलिपि पढ़कर बहुत ही महत्वपूर्ण सुझाव दिये, आभार। कबीर पाठक ने इसके पुनर्लेखन के समय मेरे लिए सभी सुविधाएं मुहैया करवायीं। कबीर को आशीष।

प्रकाशन के ठीक पूर्व सुप्रसिद्ध कथाकार डॉ. लक्ष्मी शर्मा ने इसे संशोधित और परिष्कृत किया। आभार जैसा शब्द कम है उनके लिए।

रंगमंच के किसी भी कार्य को सम्पादित करने के आरम्भ में रंग–गुरु पद्‌मश्री राज बिसारिया जी का अवश्य स्मरण करना चाहता हूँ, जिन्होंने कई पीढ़ियों को रंग संस्कार दिये और आज भी हम उनसे प्रेरणा लेते रहते हैं।

मीडिया में अन्य व्यस्तताओं के और काम टालने की प्रकृति के कारण इसका प्रकाशन क़रीब दो दशक बाद हो रहा है। देश के शीर्षस्थ प्रकाशक वाणी प्रकाशन ने मेरी पहली किताब 'रंगमंच और स्वाधीनता आन्दोलन' का भी प्रकाशन किया था और इस बार फिर इस पाण्डुलिपि को मुक्त करने का श्रेय वाणी प्रकाशन को ही जाता है। इस हेतु मैं श्री अरुण माहेश्वरी व नयी पीढ़ी की सुश्री अदिति माहेश्वरी का आभार व्यक्त करता हूँ कि इसका प्रकाशन कर इसे पुनर्जीवन दे रहे हैं।

'पूर्ण पुरुष' रंगमंच के लिए अपनी सार्थकता सिद्ध करे, यही कामना हैं।

01 अगस्त 2022 **विजय पण्डित**

अनुष्ठान, मुम्बई चैप्टर

प्रथम मंचन

उन्नाव पुस्तक महोत्सव के अवसर पर

24–3–2004, निराला प्रेक्षागृह, उन्नाव (उ.प्र.)

मंच पर

शाश्वती : मंजुश्री कुलकर्णी
समग्र : कृष्ण गोपाल
आस्था : प्राची पाठक
अतिरेक : प्रदीप चौधरी

मंच परे

मंच–प्रबन्धक : दुर्गेश कुमार / प्रशान्त श्रीवास्तव
सेट : जब्बार अकरम
वस्त्र–विन्यास : रत्नेश सक्सेना / नवीन त्रिपाठी
मंच–सामग्री : सुनील शर्मा / वरुण मिश्रा
छायाचित्र : निराला त्रिपाठी
कला–पक्ष स्मारिका : सलिल कुमार पाठक
रंगदीपन : रोहिताश्व गुप्ता
मुख–सज्जा : अनामिका द्विवेदी
स्वागत–व्यवस्था : सुरभि श्रीवास्तव
आयोजन : डॉ. मृदुला पंडित

परिकल्पना–निर्देशन

प्राची पाठक

रंगभूमि, दिल्ली

की प्रस्तुति

28 सितम्बर 2004, एल.टी.जी. थियेटर, दिल्ली।

मंच पर

सूत्रधार : अनूप त्रिवेदी
शाश्वती : चित्रा सिंह
समग्र : जय प्रकाश सिंह
शाशा : कनुप्रिया
आस्था : पारुल कान्त
अतिरेक : ललित जायसवाल
अंश : अंश जयवर्द्धन
व्यक्ति : धनश्याम शुक्ला
सुमन्त गोडबोले : आर. के. ढींगरा

मंच परे

दृश्य बन्ध : नरेश कपूरिया
प्रकाश : विनय प्रकाश सिंह
मंच–सामग्री : डॉ. सत्य प्रकाश सिंह
मुख–सज्जा : प्रवीण कुमार भारती
ध्वनि प्रभाव : आख्या जयवर्द्धन
प्रदर्शनी : धनश्याम शुक्ला/इन्दरपाल
प्रेक्षागृह–व्यवस्था : अनिल शर्मा, शेख़र शर्मा, अनूप सग्गड़, जितेन्द्र गुप्ता, जितेन्द्र हान्डा

प्रस्तुति–परिकल्पना एवं निर्देशन

चित्रा सिंह

गंगा नाट्य संस्थान, जयपुर

कला, संस्कृति, साहित्य एवं पुरातत्व विभाग, राजस्थान सरकार के सहयोग से प्रशिक्षणपरक नाट्य कार्यशाला प्रस्तुति

29–03–2013, रवीन्द्र मंच, जयपुर

मंच पर

शाश्वती : वर्षा गुधैनिया
समग्र : नीरज जांगिड
आस्था : दीपा टेकचन्दानी
अतिरेक : दौलत पारीक
करण : करण सिंह गहलोत

मंच पार्श्व

मंच–परिकल्पना : आलोक पारीक
संगीत : अमित आर्य
प्रकाश : शहज़ोर अली,
रूप–सज्जा : राधेलाल बाँका
वेशभूषा : दीपा टेकचंदानी / शौकत

कार्यशाला–प्रशिक्षक व निर्देशक

राजेन्द्र सिंह गहलोत

विनोद रस्तोगी स्मृति संस्थान

प्रयागराज की प्रस्तुति

27 फरवरी 2019, रवीन्द्रालय गोल्डन जुबली स्कूल परिसर

मंच पर

शाश्वती : पूजा ठाकुर

समग्र : अजय मुखर्जी

अतिरेक : मुकेश उपाध्याय

आस्था : राज लक्ष्मी गुप्ता

शशांक : शिवांग गुलाटी

बैरा : शुभम् सिंह

मंच परे

मंच व रंगदीपन : सुजॉय घोषाल

संगीत : शांकू तिवारी

मंच सामग्री : शिवांग गुलाटी, शुभम् सिंह

मंच व्यवस्था : हिमांशु कुशवाहा, सूरज, ऋषि श्रीवास्तव अमित गौतम, गौरव त्रिपाठी, वीरेन्द्र मिश्र

वेशभूषा : अनामिका मुखर्जी

विशेष सहयोग : अभिलाष नारायण, प्रतिमा श्रीवास्तव, मुकेश उपाध्याय

प्रस्तुतकर्ता : आलोक रस्तोगी

परिकल्पना व निर्देशन : अजय मुखर्जी

मुक्ति, अ कंटम्परेरी थिएटर ग्रुप, भुवनेश्वर

उड़िया में प्रस्तुति

24–25 जून 2016

मंच पर : प्रथम प्रस्तुति

शाश्वती : सुमन खिलो

अतिरेक : सीतान्शु रथ

समग्र : सुशान्त राउतरॉय

आस्था : प्रभाती आचार्य

मंच पर : द्वितीय प्रस्तुति

शाश्वती : सौभागिनी

समग्र : सौम्य

अतिरेक : प्रकाश

आस्था : अमृता

मंच परे

सेट / कॉस्टयूम सेट निर्माण : विजयन्त दास पाण्ड्या

लाइट : सीमान्त मोहन्ती

सहायक : बिशन

मेकअप : बंछानिधि पटनायक

म्यूजिक : प्रताप राउत

प्रोडक्शन–टीम : सत्य / सौरभ / विभु

उडिया–अनुवाद : ज़ाकिर ख़ान

निर्देशन : सूर्या मोहन्ती

दृश्य एक

(एक सम्पन्न परिवार का ड्राइंग रुम। पूरे कमरे में सादगी भरी सजावट। दीवार पर फ़िदा हुसैन के 'अश्व' श्रृंखला की बड़ी पेंटिंग टँगी है। फ़र्श पर शानदार कालीन और ख़ूब आरामदायक सोफ़े। कोने में एक तिपाई पर समग्र और शाश्वती के चित्र अलग–अलग फ़्रेम में रखे हैं।)

(संगीत के साथ प्रकाश–वृत्त समग्र और शाश्वती के चित्रों पर। चित्रों पर प्रकाश कम होता है और उसी के साथ प्रकाश केवल शाश्वती पर।)

शाश्वती : मैं हूँ शाश्वती, श्रीमती शाश्वती पुरोहित, जबकि मेरा नाम आपने नाटक के फ़ोल्डर पर ही पढ़ लिया होगा, फिर भी यह तो नहीं जान पाये होंगे कि यह नाम मैंने ख़ुद रखा है। जी, हाँ ख़ुद। वैसे मेरा एक नाम मेरे नाना ने भी रखा था–सुनयना।

पता है क्यों? जैसा कि हर नाम के पीछे होता है– मेरे नाम के पीछे भी एक कहानी है। शादी के क़रीब दस बरस बाद भी मेरी माँ की गोद सूनी थी और इधर घर में सबको लड़का चाहिए था। नाना जी ने डॉक्टर से लेकर ज्योतिषी–पण्डित, ओझा–औघड़ सब एक कर दिये थे। मम्मी–पापा दोनों की मेडिकल रिपोर्ट भी नॉर्मल थीं। नाना ख़ुद भी ज्योतिषी थे। वे बताया करते थे कि डैडी की जन्म कुण्डली में पंचम भाव में राहु है इसलिए सन्तान में विलम्ब हो रहा है। नतीजा ये हुआ कि मन्दिर और दरगाहों पर मत्था टेकने का सिलसिला काफ़ी दिनों तक चला। जिसका भी असर रहा हो, मम्मी ने एक नये मेहमान के आने की शुभ सूचना डैडी को दी। लेकिन सबके सपनों पर पानी फेरते हुए लड़के की जगह मैं पैदा हुई। मेरी आँखें इतनी बड़ी थीं कि सबकी नज़र वहीं टिक जातीं। इसीलिए नाना ने बड़े लाड़ से मेरा नाम रखा–सुनयना। स्कूल में जब मेरा नाम किसी को याद ना आता तो यही कहता–वो लड़की, जिसकी आँखें बड़ी–बड़ी हैं।

जब मैं क़रीब 13–14 साल की थी, मेरे स्कूल के एक टीचर ने एक दिन अकेले में पास बुलाया, मुझे अपनी बाँहों में लेकर मेरी आँखों को चूमने लगे और कहने लगे–पता है सुनयना, तुम्हारी आंखें दुनिया की सबसे ख़ूबसूरत आँखें हैं।

मेरे टीचर मेरे डैडी की उम्र के थे। मुझे उनका चूमना बिल्कुल अच्छा नहीं लगा। जो आँखें मुझे

ख़ुद अच्छी लगती थीं, मुझे उन्हीं आँखों से नफ़रत होने लगी। बाद में मुझे लगने लगा कि मेरा वजूद केवल मेरी इन आँखों के कारण है। मैं कभी–कभी सोचती कि मेरी ये आँखें अगर सुन्दर ना होतीं तो क्या मेरा अस्तित्व ही ना होता? आँखों को तो मैं बदल नहीं सकती थी, पर सुनयना नाम बदलकर मैंने शाश्वती कर लिया। समग्र को भी पहले मेरी आँखें ही अच्छी लगी थीं, मैं बाद में। हो सकता है वो न मानें लेकिन मैं तो यही मानती हूँ।

(प्रकाश अब समग्र पर। बदन पर जीन्स व कुर्ता और हाथ में सिगरेट।)

समग्र : आप जो कुछ भी सुन रहे थे, वह सब सच नहीं है। मैं प्रतिवाद नहीं कर रहा हूँ और न ही अपने विषय में शाश्वती जैसा कुछ नैरेट करने जा रहा हूँ क्योंकि मेरा और शाश्वती का जीवन कोई एक–डेढ़ घण्टे के कथानक वाले किसी नाटक की तरह समाप्त होने वाला जीवन नहीं है। आप इसे क़तई नाटक न समझें। शाश्वती के इस तर्क से मैं बिल्कुल सहमत नहीं हूँ कि शाश्वती की आँखें ही मुझे बहुत ख़ूबसूरत लगीं।

मैंने जीवन में जो भी पेंटिंग बनाई हैं, उसमें किसी में भी शाश्वती की आँखों को डिस्क्राइब नहीं किया, कहीं भी नहीं। शाश्वती ने जब अपना नाम सुनयना से बदलकर शाश्वती रखा तो मैंने पाया कि वह अपनी सुन्दरता से नहीं, बल्कि अपनी योग्यता, स्वाभिमान और अपने वजूद के बल पर अपने को

स्थापित करना चाहती है। उसके व्यक्तित्व के इसी पक्ष ने मुझे आकर्षित किया था। इसका परिणाम यह हुआ कि शाश्वती आज मेरी पत्नी है। धर्मपत्नी तो नहीं, वह मेरी सहगामिनी है। हम दोनों ने साथ–साथ जीवन जीने के सपने बुने थे और यह जीवन जो जी रहे हैं, आपके सामने है। लेकिन पता नहीं कभी–कभी लगता है कि हम इस जीवन को क्यों जी रहे हैं?

(फोन की घण्टी बजती है। प्रकाश–वृत्त पहले फोन पर, फिर शाश्वती पर। घण्टी बजती रहती है। दोनों में कोई भी उठाने की कोशिश नहीं करता। उनके चेहरे के भाव से लगता है कि जैसे एक दूसरे की प्रतीक्षा कर रहे हों। अन्ततः शाश्वती फ़ोन उठाती है।)

शाश्वती : हैलो, कैसे हैं आप? जी, आपकी आवाज़ धीमी आ रही है। ज़रा ज़ोर से बोलिए, मुझे साफ़ सुनाई नहीं दे रहा है। बस ठीक ही हूँ। वे हैं घर पर, बात कराऊँ क्या?

(वह फ़ोन का रिसीवर हाथ से दबाती है।)

समू,देखो तुमसे कोई बात करना चाहता है।

समग्र : कह दो अभी–अभी कहीं बाहर निकल गये हैं। वैसे भी उस आदमी से मुझे बात नहीं करनी है।

शाश्वती : *(उसी तरह रिसीवर को थामे हुए)* ये क्या मैनर है? मैं बोल चुकी हूँ कि तुम हो यहाँ पर। या तो तुम

पहले ही बोल दिया करो कि तुम नहीं हो। यहाँ रहकर भी यहाँ नहीं हो।

(शाश्वती रिसीवर से हाथ हटाती है।)

शाश्वती : *(फ़ोन पर)* जी... जी।... ये अभी कहीं निकल गये हैं। मैं ख़ुद आपको मिला लूँगी।.. जी।

(शाश्वती फोन रखती है। चेहरे पर झुँझलाहट।)

समग्र : तुम्हारे अति का फ़ोन था न?

(वह अति पर कुछ विशेष दबाव डालता है।)

शाश्वती : *(गुस्से में)* ह्वाट डू यू मीन 'तुम्हारे'? और मुझे ये समझ में नहीं आता कि दुनिया का हर फ़ोन तुम्हें अतिरेक का ही फ़ोन क्यों लगता है?

समग्र : *(तमतमाकर)* जी नहीं, हर फ़ोन नहीं लगता। और वह भी लगता नहीं, होता है। मेरी उपस्थिति में जिस फ़ोन पर तुम्हारा पहला संवाद "जी, ज़रा ज़ोर से बोलिये आवाज कम़ आ रही है" होता है, वही फ़ोन होता है। दरअसल न तो आवाज़ कम आती है और न ही फ़ोन ख़राब होता है। एक संकेत होता है कि इस समय पति नाम का एक प्राणी भी घर में मौजूद है और जब घर में पति मौजूद है तो ठीक ढंग से बात नहीं हो सकती।

शाश्वती : *(बीच में बात काटकर)* ठीक ढंग का मतलब? क्या मैं किसी से बात भी नहीं कर सकती? क्या ज़िन्दगी में हर बात के लिए मुझे तुमसे परमिशन लेनी होगी कि किसी से बात करूँ या नहीं?

यह पहनूँ कि नहीं? तुम यह क्यों चाहते हो कि पूरा ब्रह्माण्ड तुम्हारे इशारे पर चले? मैं तो तंग आ गयी हूँ।

समग्र : लेकिन मै अभी तंग नहीं आया हूँ। मैं आशावान हूँ, अपने, तुम्हारे और समय को लेकर भी। मैं दुनिया को अपने ढंग से नहीं चलाना चाहता हूँ। मैं नहीं चाहता कि जैसा मैं चाहता हूं वैसा ही तुम करो, मैं चाहता हूँ...

शाश्वती : *(बात काटते हुए)* मैं यह चाहता हूँ, मैं यह नहीं चाहता हूँ, पता नहीं तुम्हारा यह मैं–मैं कब ख़त्म होगा। मैं से हटकर हम के बारे में सोचते तो आज यह स्थिति न होती। ज़िन्दगी तबाह कर रहे हो।

(डोर बेल बजती है। शाश्वती दरवाज़ा खोलने के लिए आगे बढ़ती है। लेकिन समग्र उसे आगे बढ़कर रोकता है।)

समग्र : *(क़रीब–क़रीब चीखते हुए)* क्या कहा? मैं तबाह कर रहा हूँ कि तुम तबाह कर रही हो?

शाश्वती : *(अपने को छुड़ाती हुई)* चीख़िए मत मि. समग्र। चीख़ना–चिल्लाना मुझे भी आता है। चीख़ने से ज़िन्दगी की समस्याएँ हल नहीं हुआ करतीं।

(डोर बेल फिर से बज उठती है। पहले से कुछ लम्बी। लगता है कि आगन्तुक धैर्य की सीमा पार कर चुका है। शाश्वती तेज़ी से आगे बढ़ती है और दरवाज़ा खोलती है।)

(आस्था का प्रवेश)

(पूरे वातावरण में नीरवता। इस सन्नाटे को आस्था भंग करती है।)

आस्था : सॉरी। लगता है मैं ग़लत समय पर आ गयी हूँ। आप लोग शायद कुछ पर्सनल डिस्कस कर रहे थे। चलती हूँ। फिर कभी आऊँगी।

(वह वापस जाने के लिए मुड़ती है।)

शाश्वती : नहीं, ऐसी कोई बात नहीं है। हमारे यहाँ ये रोज़ ही हुआ करता है। कोई ज़रूरी नहीं कि तुम कभी फिर आओ तो यह सब न हो। हाँ, यह अलग बात है कि यह सब न सुनने के लिए तुम इनसे किसी और जगह मिलो।

समग्र : हमारी अपनी दुनिया में किसी और को क्यों घसीट रही हो? अच्छा हो कि तुम अपनी जुबान की ऊर्जा किसी और क्रिएटिव काम में लगाओ।

शाश्वती : भाड़ में जाये तुम्हारी क्रिएटिवटी। तुम ही जाकर कैनवास ख़राब करो और सिगरेट फूँको।

समग्र : *(कुछ सहज होते हुए)* हाँ, मैं तो कैनवास ही ख़राब करता हूँ लेकिन तुम चाहो तो कुछ क्रिएटिव कर सकती हो। यू कैन प्रिपेयर थ्री कप्स ऑफ़ टी। तीन कप चाय अदरक के साथ, बीइंग ए गुड वाइफ़।

शाश्वती : किचन महिलाओं के नाम रजिस्टर्ड नहीं है। वैसे भी तुम्हारे हिसाब से दुनिया के महान कुक पुरुष ही होते हैं। कुछ नहीं तो चाय तो बना ही सकते हो।

आस्था : *(बात काटकर उठते हुए)* अरे, मैं चाय बनाकर लाऊँ? बहुत अच्छी बनाती हूँ।

शाश्वती : नहीं, आज अगर इस घर में चाय पी जानी है तो तुम्हारे सर ही बनायेंगे।

(समग्र विवश होकर उठता है। प्रकाश शाश्वती और आस्था पर। कुछ समय तक दोनों मौन रहते हैं।)

आस्था : सर, कितने सिम्पल हैं? है न?

शाश्वती : कभी हुआ करते थे, अब नहीं हैं।

आस्था : कभी मतलब? आपने देखा नहीं कि इतने बड़े होकर भी उनको एक छोटा–सा काम करने में कोई भी झिझक नहीं। कोई 'मेल इगो' नहीं।

शाश्वती : जानते हैं कि इसके अलावा कोई चारा भी नही हैं। वे मेरा नेचर भी जानते हैं कि कोई हुक्म चलाकर मुझसे कुछ भी नहीं करा सकता।

आस्था : लेकिन उन्होंने तो आपको बड़े ही नॉर्मली कहा था।

शाश्वती : मिस आस्था, मैं अच्छी तरह जानती हूँ कि किस बात को वे नॉर्मली कहते हैं और क्यों? तुम इन्हें दो महीने से जानती हो और मैं पन्द्रह सालों से।

आस्था : मैम, दो महीने किसी को जानने के लिए क्या बहुत नहीं होते?

शाश्वती : अगर तुम दो महीने में इन्हें जान गयी हो तो मुझे भी बताओ। हो सकता है कि पूरी तरह जानकर मैं इस परिवार को बचा सकूँ।

आस्था : मैम, आप ये कैसी बात कर रही हैं? इस परिवार को ऐसा क्या हो गया है कि आप निराश हो गयी हैं। सब कुछ ठीक ही तो है। छोटा सा परिवार, हम दो, हमारा एक। बेटी शाशा, अच्छे स्कूल में पढ़ रही है। आप अच्छी–ख़ासी जॉब में हैं– विद गुड सैलरी। सर का कितना नाम है। मीडिया में उनकी चर्चा होती रहती है।

शाश्वती : बस केवल चर्चा ही होती रहती है। इस घर के लिए उन्होंने कुछ किया है क्या? किस तरह से सब कुछ यहाँ तक ला पायी हूँ, यह मैं ही जानती हूँ।

आस्था : लेकिन सर ने भी कुछ न कुछ किया ही होगा। ज़िम्मेदारी तो निभाते ही होंगे।

शाश्वती : *(आवेश में)* दूसरों के लिए वो हमेशा ज़िम्मेदार रहते हैं, हमारे लिए नहीं। अगर किसी को खाँसी भी आये तो कहो लेकर अस्पताल भाग जायें और देखभाल करते रहें। मैं कहूँ कि मुझे कोई परेशानी है तो पिकासो के बारे में बताने लगते हैं। शुरू में सबको देवता लगते हैं। तुम्हें भी लगते होंगे।

आस्था : *(असहज होकर)* सॉरी मैम, मुझे दूसरों के पर्सनल लाइफ़ में इंटरफ़ेयर नहीं करना चाहिए।

मुझे लगता है कि मैं जब तक यहाँ रहूँगी, कुछ ना कुछ बोलती ही रहूँगी।

(आस्था तेज़ी से उठती है। संगीत के साथ ही पूरा मंच आलोकित होता है। आस्था जैसे ही निकलने को होती है वैसे ही चाय की ट्रे लेकर समग्र का प्रवेश।)

समग्र : लीजिए, इस सेंचुरी की सबसे बेहतरीन चाय। आज, आप लोग 'वाह ताज, तो नहीं लेकिन 'वाह समग्र, ज़रूर कह बैठेंगी।

(आस्था की कुर्सी ख़ाली देखकर वह दरवाज़े के तरफ देखता है।)

आस्था कहाँ जा रही हो? बहुत मन से चाय बनाई है।

(आस्था मुड़ती है। मौन)

(लघु अन्तराल)

(समग्र शाश्वती की ओर देखता है)

(लघु अन्तराल)

(और इस अंतराल को पाटता संगीत)

(आस्था एक निगाह समग्र पर ड़ालती है। समग्र एक बार आस्था को देखता है फिर शाश्वती को। आस्था दरवाज़ा खोलकर तेज़ी से निकल जाती है। समग्र चाय की ट्रे सेंटर टेबल पर रखता है। किन्तु स्वयं नही बैठता है।)

समग्र : क्या कह दिया तुमने उसे? मै जानता हूँ कि तुम गुस्से में कुछ भी बोल सकती हो। क्या मैं ही सब नॉर्मल करता फिरूँ?

शाश्वती : मैंने उसे जाने के लिए नहीं कहा था।

समग्र : कभी–कभी किसी बात को कोई सीधे नहीं कहता। समझी?

शाश्वती : मैंने कहा ना, मैंने उसे जाने के लिए नहीं कहा।

समग्र : फिर कहा क्या था?

शाश्वती : अगर उसकी इतनी ही चिन्ता है तो जाकर उसी से पूछो।

समग्र : लेकिन मै तुमसे पूछना चाहता हूँ।

शाश्वती : *(उठते हुए)* कोई ज़रूरी नही है कि मैं तुम्हारे हर फ़िजूल के सवाल का जवाब देती फिरूँ।

समग्र : यह फ़िजूल का सवाल नहीं है। उस के जाने के बारे में पूछ रहा हूँ। आफ़्टर ऑल शी वाज ऑवर गेस्ट।

शाश्वती : तुम मेरे जानने वालों का कितना ख़याल रखते हो? तुम किस ढंग से पेश आते हो, कभी तुमने सोचा है?

समग्र : *(आवेशित होकर)* अरे, कितना सोचूँ ? पलक–पाँवड़े बिछाऊँ तुम्हारे आने वालों के लिए? हेल्प के न रहने पर कितनी बार तुमसे मिलने वालों को

चाय–नाश्ता कराया है। तुम्हारे बॉस के लिए न चाहते हुए भी ड्रिंक्स बनाकर सर्व किया है।

शाश्वती : यह सब करके एहसान नहीं करते, क्योंकि मेरे इन जानने वालों का ही एहसान है। जब भी कोई भी परेशानी आयी है, तब इन्हीं लोगों ने हेल्प की है। तुम्हारे सो कॉल्ड दोस्तों ने संवेदना जताने के अलावा कुछ भी नहीं किया। इन फेफड़ों को सिगरेट के धुएँ से सड़ाकर अस्पताल में पड़े थे तो हमारे ही लोग सहारा बने थे? क्या–क्या गिनाऊँ?

समग्र : तुम्हारे लोगों द्वारा इसलिए किया गया कि वे सब तुम्हारे लिए करना चाहते थे–केवल तुम्हारे लिए। उनकी मेरे लिए कोई संवेदना नहीं थी।

शाश्वती : तुम कितने घटिया हो सकते हो, ये मुझे पता नहीं था। सो मीन। शर्म आनी चाहिये तुम्हें।

समग्र : शर्म मुझे नहीं, तुम्हें आनी चाहिए।

शाश्वती : *(क्रोध में)* अगर मैं इतनी घटिया हूँ तो क्यों चिपके हो मेरे साथ जोंक की तरह? इस घर में एक घटिया इन्सान के साथ क्यों रह रहा है एक महान इंसान?

समग्र : सुनो, यह घर केवल तुम्हारा ही नहीं है। यह घर मेरा भी है।

शाश्वती : क्या किया है तुमने इस घर के लिए?

(आवाज़ तेज़ हो जाती है।)

समग्र : इस घर के लिए मैंने कुछ भी नहीं किया है?

शाश्वती : कुछ भी नहीं किया है।

समग्र : एक बार फिर से तो बोलो।

शाश्वती : कुछ भी नहीं किया है।

(आवाज़ और तेज़ होती है)

कुछ भी नहीं किया है।

कुछ भी नहीं किया है।

(इन पंक्तियों के साथ ही समग्र का क्रोध बढ़ता जाता है। वह तेज़ी से आगे बढ़कर शाश्वती के कन्धों को झकझोरते हुए सोफ़े पर धक्का देकर गिरा देता है। समग्र दरवाज़े की ओर तेज़ी से बढ़ता है। सेंटर टेबल से टकराता है। चाय की प्यालियाँ आपस में खड़खड़ाती हैं।)

(क्रोधित शाश्वती समग्र को पकड़ने के लिए तेज़ी से उसके पीछे जाती है।)

शाश्वती : तुम केवल यही कर सकते हो। कायर इन्सान।

(समग्र एक बार पीछे मुड़कर देखता है और पलटकर दरवाज़े के बाहर निकल जाता है। शाश्वती तेज़ी से लौटती है। और निढाल सोफ़े पर गिर जाती है। चेहरे को दोनों हाथों से छिपाती है।)

(संगीत)

(पूरा प्रकाश सिमटकर शाश्वती पर केन्द्रित होता है। सुबकने की आवाज़।)

(संगीत)

(सुबकने की ध्वनि तेज़ होती है। क़रीब–क़रीब फूटकर रोने जैसी।)

(धीरे–धीरे पूर्ण अन्धकार और साथ में करुण संगीत।)

दृश्य दो

(सब कुछ पहले दृश्य की तरह। केवल दिन बदला है। संगीत और प्रकाश सुबह होने का एहसास कराता है।)

(सोफ़े पर समग्र लेटा हुआ है। लगता है कि रात में वह सोफे पर ही सो गया था। किसी किताब से चेहरा ढका हुआ। शरीर पर स्लीपिंग गाउन। मद्धिम रोशनी का एक टुकड़ा समग्र पर पड़ता है।)

(फोन की घण्टी बजने की आवाज़। समग्र फोन की घण्टी सुनकर अलसाये शरीर के साथ उठने की कोशिश करता है। लेकिन इसी प्रयास में सोफ़े पर ही करवट बदल लेता है कि शाश्वती आकर फ़ोन उठाये। फ़ोन की घण्टी बजती ही रहती है।)

(कुछ अन्तराल के बाद वह फ़ोन के लिए उठता है। इसी बीच एक ट्रे में चाय लेकर शाश्वती का प्रवेश। शाश्वती के शरीर पर इस समय हाउस कोट है। शाश्वती ट्रे सेंटर टेबल पर रख कर, बजते हुए फ़ोन की ओर तेज़ी से लपकती है।)

शाश्वती : हैलो...

(अप स्टेज पर एक छोटा सा ज़ोन आलोकित होता है जहाँ हम देखते हैं कि शाशा फोन पर बात कर रही है।)

शाशा : ममा... कैसी हो...?

शाश्वती : *(कुछ बुझे हुए स्वर में)* ठीक हूँ बेटे तुम कैसी हो?

शाशा : ठीक हूँ ममा। पर तुम्हारी आवाज़ को क्या हो गया है? एनी प्रॉब्लम ममा?

शाश्वती : नो बेटे, बिल्कुल ठीक हूँ। गले में कुछ ख़राश है बस।

शाशा : ममा, पापा कहाँ हैं? सबसे पहले फ़ोन तो पापा ही उठाते हैं।

शाश्वती : यहीं हैं। तुम तो जानती हो, कभी–कभी वे घर में रहकर भी बाहर ही रहते हैं।

शाशा : ओह! लगता है आप लोगों की फिर लड़ाई हुई है। आप लोग तो छोटी–छाटी बातों पर भी लड़ते रहते हैं।

(इस बीच में समग्र क़रीब–क़रीब जागने की मुद्रा में। किताब एक तरफ़ कर चाय की प्याली उठाता है, साथ में अख़बार।)

शाश्वती : बेटा, छोटी–छोटी बातें हर घर में होती रहती हैं। बहुत ज़्यादा परेशान नहीं होते।

शाशा : पता है, हमारे यहाँ फ़िदा हुसैन को इन्वाइट किया गया है। वे अपनी लाइफ़ और वर्क्स को लेकर लेक्चर देंगे। आई ऐम फ़ैन ऑफ़ हुसैन। जब उन्हें बताऊँगी कि मैं मि. समग्र पुरोहित की बेटी हूँ तो वे मुझे स्पेशली ट्रीट करेंगे, है ना? अपने किसी इंटरव्यू में उन्होंने डैड को मेंशन भी किया था। ये बात सर बता रहे थे। आय ऐम प्रॉउड ऑफ़ माय डैड।

शाश्वती : वी ऑल आर प्राउड आफ योर डैड बेटा।

शाशा : ममा आई वांट टू बी अ ग्रेट पेंटर लाइक हिम।

शाश्वती : शाशा बेटे, तुम अपनी पढ़ाई पर ध्यान लगाओ। तुम्हारे एग्जाम नज़दीक हैं। अभी पेंटिंग और पेन्टर्स के बारे में ज्यादा न सोचो।
(समग्र शाश्वती के इस जवाब से कुछ परेशान सा हो जाता है।)

शाशा : ममा, ये ग्रेट लोग हैं। हमारी लाइफ को इंस्पायर करते हैं अगर कुछ बनना है तो...

शाश्वती : *(बात काटते हुए)* फ़िदा हुसैन और तैयब मेहता के बारे में उतनी ही जानकारी रखो, जितनी ज़रूरी है। फ़िदा हुसैन बनने की कोशिश मत करो।

शाशा : क्यों ममा?

(समग्र उठकर आगे आता है और शाश्वती के हाथ से रिसीवर लेने की कोशिश करता है। शाश्वती हतप्रभ होकर समग्र की तरफ़ देखती है और स्पीकर पर हाथ रखती है।)

शाश्वती : क्या है? बात कर रही हूँ न।

समग्र : मेरी भी बेटी है। क्या मैं बात नहीं कर सकता *(शाश्वती गुस्से में समग्र को देखती है और सोफे पर बैठती है)*

शाशा : ममा... बताया नहीं कि पेंटर क्यों न बनूँ?

समग्र : इसलिए बेटे कि एक पेंन्टर की लाइफ़ सिक्योर नही होती। अब देखो, मैं क्या कर पाया जीवन में?

शाशा : डैड, आप भी कैसी बातें करते हैं? ममा ने तो ऐसा कुछ भी नहीं कहा।

समग्र : बेटा, मै सब जानता हूँ कि तुम्हारी ममा क्या कहना चाहती हैं। कुछ बातें सीधी नहीं कही जातीं।

शाश्वती : *(पीती हुई चाय को छोड़कर)* क्या यह अच्छा नहीं होगा कि हम लोग शाशा को परेशान न करें।

शाशा : डैड, ममा कुछ कह रही हैं।

समग्र : यही कह रही हैं कि तुम अपनी पढ़ाई पर ध्यान दो। अल्टीमेटली शी वांन्ट्स टू सी यू ऐज़ ऐन ऑफ़िसर।

शाशा : आप भी न डैड। आज से आप लोग महीने में एक बार से अधिक नहीं लड़ेंगे। वैसे मैं जानती हूँ कि एक दिन भी एक दूसरे के बिना नहीं रह सकते। ममा को फ़ोन दीजिए।

समग्र : तुम भी न... ममा की तरह हुक्म चलाने में एकदम माहिर हो।

(समग्र शाश्वती को फ़ोन देता है)

शाशा : ममा, डैड का ध्यान रखिए। वो क्या हैं, आप जानती हैं और अब तो मैं भी समझने लगी हूँ। बाहर निकलकर पता लगता है जब उनके बारे में बातें होती हैं।

शाश्वती : लो, अब मेरी ही बेटी मुझे समझायेगी।

शाशा : *(हँसते हुए)* ममा, एक समय के बाद बेटियों को पेरेंट्स की माँ होना पड़ता है।

शाश्वती : *(मुस्कुराते हुए)* अच्छा मेरी माँ। अपना ध्यान रखना। खाने–पीने में लापरवाही नहीं करना। टेक केयर।

(शाशा के ज़ोन में अंधेरा)

(शाश्वती फ़ोन रखती है। दोनों चुप हैं।)

शाश्वती : समू, अच्छा हो कि हम अपनी प्रॉब्लम से शाशा को परेशान न करें।

समग्र : यह कई बार बोल चुकी हो।

शाश्वती : मै सीरियसली कह रही हूँ।

समग : मैं भी सीरियसली सोच रहा हूँ।

शाश्वती : क्या?

समग्र : यही कि शाशा से कुछ भी छुपाना ठीक नहीं। उसे हर हाल के लिए तैयार रहना चाहिए। पता नहीं कल क्या हो।

शाश्वत : कल ऐसा क्या होने वाला है?

समग्र : कुछ भी हो सकता है। यह तुम अच्छी तरह से जानती हो।

शाश्वती : मै कुछ नहीं जानती।

समग्र : शाश्वती, मैने कहा ना कि तुम अपने भीतर झाँककर देखो तो सब कुछ जान जाओगी।

(समग्र चाय की प्याली रखता है। शाश्वती सेंटर टेबल से प्याली और ट्रे समेटती है और सोफ़े से उठती है। ट्रे लेकर आगे बढ़ती है और समग्र के पास आती है। तब तक समग्र सिगरेट जलाने की कोशिश करता है शाश्वती सिगरेट छीनती है।)

शाश्वती : यह सिगरेट प्रॉब्लम सॉल्व नहीं करेगी। डॉ. बहल ने स्ट्रिक्टली मना किया था सिगरेट के लिए।

समग : चलो... अब कुछ होता है तो मत ले जाना किसी डॉ. बहल के पास...।

शाश्वती : आँख मूँदकर देखा भी तो नहीं जा सकता। सामने आने पर सब झेलना ही पड़ता है।

समग्र : मैंने कह दिया ना कि इस बार मत झेलना। वैसे भी तुम्हारे अपने लोगों के बहुत एहसान हैं मुझ पर।

(शाश्वती आगे बढ़ती है। समग्र शाश्वती को क्रॉस कर सेंटर टेबल तक आता है और टूटे हुए सिगरेट को उठाने की कोशिश करता है। सिगरेट ऐश ट्रे में बुझाता है। शाश्वती जो कि दरवाज़े तक पहुँच चुकी है, पलटती है और पलटकर एक बारगी समग्र को देखती है। समग्र शाश्वती को देखकर टूटे हुए सिगरेट को ऐश ट्रे में डालता है।)

शाश्वती : आख़िर तुम चाहते क्या हो?

(वह पलटकर भीतर चली जाती है।)

समग्र : यही तो मुझे नहीं पता कि मैं क्या चाहता हूँ?

(प्रकाश–वृत्त अब केवल समग्र पर)

क्या मैं ही ग़लत हूँ? क्या जो कुछ इस घर में हो रहा है उसके लिए मैं ही ज़िम्मेदार हूँ? आख़िर क्यों नहीं होता है वह, जो मैं चाहता हूँ? क्या कला की दुनिया इतनी भयावह है? क्यों नहीं कोई रास्ता दिख रहा है?

(समग्र के स्वर में वेदना)

समग्र : तुम्हें शायद याद नहीं है जब तुम पहली बार मेरी पेंटिंग एक्जीबिशन देखने आयी थीं। क्या लिखा था विजिटर्स बुक में? "टुडे आई सॉ अ लिविंग

गॉड आन द अर्थ हू हैज क्रिएटेड लाइफ़ ऑन द कैनवास"—मैंने कैनवास पर जीवन की रचना करने वाले एक देवता को आज पृथ्वी पर देखा...। वह देवता क्यों मर रहा है आज?

क्या मैंने यह चाहा था कि जिस देवता पर तुमने यक़ीन करके साथ रहने का फ़ैसला किया, वह पत्थर का देवता साबित हो। सच तो यह है कि तुमने भले ही मुझे देवता माना हो, मैंने कभी एक देवता के रूप में अपने को देखा ही नहीं। आख़िर लाख चाहने पर भी मैं तुम्हारी अपेक्षाओं को पूरा क्यों नहीं कर पा रहा हूँ?

कभी—कभी लगता है कि इस जीवन से तो न जीना ही बेहतर। जो व्यक्ति अपने पुरुषार्थ के साथ जीवन को न जी सके, जो अपने परिवार को सुखी न रख सके, जो अपनी बेटी को अच्छे स्कूल भेजने में कोई भागीदारी न कर सके, जो छुट्टियों में अपने परिवार को किसी टूर पर ना ले जा सके, जब पूरी दुनिया ख़ुशियाँ मना रही हो, उस समय समग्र नाम का इन्सान अपनी काल—कोठरी जैसे स्टूडियो में क़ैद कैनवास पर रंगों से खिलवाड़ करता रहे और दुनिया की उस ख़ुशी में अपने को शामिल न कर सके, क्या ऐसे इन्सान को भी जीने का कोई हक़ है?

(उसका गला रुँध जाता है।)

(प्रकाश–वृत्त में कुछ–कुछ नीला प्रभाव मन्द गति से शामिल होता है।)

मैं क्या करूँ आख़िर? हे ईश्वर...मेरी चीख़ क्यों नहीं सुनाई पड़ती तुम्हें? आख़िर मैं किसको पुकारुँ? पाब्लो पिकासो...वॉन गॉग.क्या तुम भी मेरी मदद नहीं कर सकते? राफ़ेल! क्या तुम्हें मेरी आवाज़ नहीं सुनाई पड़ रही है?

(प्रकाश मन्द होता है।)

(धीरे–धीरे पूर्ण अन्धकार और साथ में करुण संगीत।)

दृश्य तीन

(रेस्तराँ का दृश्य।

मंच पर सेंटर में एक छोटी–सी खाने की टेबल, जिसके आसपास दो कुर्सियाँ रखी हैं। स्पॉट लाइट में शाश्वती दिख पड़ती है। टेबल पर ही उसका पर्स है। बार–बार घड़ी देखती है। लगता है किसी का इन्तज़ार कर रही है.

अप स्टेज एरिया में एक छोटा ज़ोन, जिसमें एक कैनवास और आसपास बिखरे हुए कुछ रंग व ब्रश। लेकिन इस ज़ोन में अभी अँधेरा है।

कुछ समय बाद अतिरेक, उम्र यही कोई 35–40 के आसपास है, हडबडाहट में आता है।

अतिरेक : सॉरी, आज मीटिंग कुछ देर तक चली।

शाश्वती : *(मौन)*

अतिरेक : *(बेयरा आता है)* क्या लोगी? वही कैपुचीनो?

(बेयरा से) दो कैपुचीनो।

(बेयरा जाता है।)

शाश्वती : मैं इस शहर से अपना ट्रांसफ़र चाहती हूँ।

अतिरेक : कई बार कह चुकी हो।

शाश्वती : नहीं, इस बार सीरियस हूँ।

अतिरेक : भाग कर जाओगी कहाँ?

शाश्वती : मुझे पता नहीं...पर कहीं भी...। बट आई कैन नॉट स्टे हियर।

अतिरेक : शाश्वती, ऐसा नहीं लगता कि तुम ख़ुद अपने आप से भाग रही हो?

शाश्वती : कभी–कभी भागना ही विकल्प होता है, भले ही कहीं न पहुँचें।

(बेयरा कॉफ़ी लेकर आता है)

अतिरेक : शाश्वती, तुमने वो प्ले देखा है...आधा–अधूरा...? क्या नाम है उस राइटर का?

हाँ, याद आया...राकेश मोहन।

शाश्वती : राकेश मोहन नहीं, मोहन राकेश और प्ले का नाम आधे–अधूरे है।

अतिरेक : हाँ...हाँ...वहीं–वहीं।

शाश्वती : तुम कहना क्या चाहते हो?

अतिरेक : मुझे उस नाटक की हीरोइन याद आती है।

शाश्वती : लेकिन मेरी ज़िन्दगी नाटक नहीं, हक़ीक़त है। आधे–अधूरे की सावित्री तो तमाम लोगों के पीछे भाग रही थी, लेकिन मैं किसी एक के पीछे भाग रही हूँ।

अतिरेक : किसके पीछे?

शाश्वती : ज़्यादा भोले मत बनो।

अतिरेक : जानती हो कि उसे छोड़कर तुम जी नहीं सकती?

शाश्वती : जानती हूँ।

अतिरेक : फिर भी।

शाश्वती : लगता है कि मैं आधी–अधूरी ज़िन्दगी जी रही हूँ। तुम्हें देखती हूँ तो सोचती हूँ कि शायद पूरी हो जाये।

(इस संवाद के साथ ही प्रकाशवृत्त उस एरिया में जहाँ पर एक कैनवास और ब्रश–रंग इत्यादि हैं। समग्र ब्रश लेकर तेज़ी से कैनवास पर चलाता है।)

अतिरेक : तो तुमने समग्र को क्यों पसन्द किया था?

शाश्वती : मेरी पसन्द में कोई कमी नहीं थी।

अतिरेक : क्या अब समग्र के साथ सुखी नहीं हो?

शाश्वती : मेरे सुख की अपनी परिभाषा है।

(समग्र और तेज़ी से ब्रश चलाता है।)

अतिरेक : लेकिन कल उसकी पोजीशन बदल सकती है। तब तुम्हें प्राउड नहीं होगा? उसकी पेंटिंग्स करोड़ों में बिक सकती है।

शाश्वती : जीवन को हर पल जीना होता है और वर्तमान ही सच होता है।

(शाश्वती चेयर से उठती है और धीरे–धीरे अतिरेक के पास आती है।)

अतिरेक : शाश्वती, तुम्हारा वर्तमान क्या है?

शाश्वती : *(कन्धे पर हाथ रखती है)* अतिरेक।

अतिरेक : और समग्र?

शाश्वती : अतीत, मेरा अतीत होता वर्तमान।

(संवाद के साथ ही संगीत का सामंजस्य। समग्र के चेहरे के भाव और कैनवास पर ब्रश चलाने के तरीक़े से उसके आन्तरिक उद्वेग स्पष्ट होते हैं।)

अतिरेक : लेकिन वो तो तुम्हारे पीछे नहीं पड़ा था। तुम्हीं उसके पीछे पागलों की तरह पड़ी थी।

शाश्वती : हाँ, यह मेरी कमज़ोरी है। मैं जो कुछ करती हूँ, पागलों की तरह करती हूँ। उसके पीछे इसलिए पड़ी थी कि वह दुनियावी इन्सान नहीं लगता था। उसकी आँखों में एक बच्चे की पवित्रता थी। उसके हाथ जब कैनवास पर चलते थे तो लगता था कि जैसे ब्रह्मा सृष्टि का निर्माण कर रहे हों।

अतिरेक : *(शाश्वती का हाथ हटाते हुए)* और अब क्या वह देवता नहीं लगता?

शाश्वती : लगता नहीं, बल्कि है। वह अब भी देवता है। लेकिन मुझे देवता नहीं चाहिए। मुझे तुम्हारे जैसा एक मानव चाहिए। एक पुरुष, जिसकी मुट्ठी में सब कुछ हो। मुझे अतिरेक चाहिए जो ज़िन्दगी के हर क्षेत्र में इनिशिऐट कर सके। मैं उसे चाहती हूँ जो मुझ पर हुकूमत कर सके।

अतिरेक : *(थोड़े कठोर स्वर में)* लेकिन तुम हुकूमत बर्दाश्त कहाँ करती हो?

शाश्वती : मैं उस व्यक्ति की हुकूमत नहीं चाहती, जिस व्यक्ति के साथ बेडरूम में भी मुझे ही पहल करनी पड़ती हो।

अतिरेक : झूठ बोल रही हो तुम। तुम चाहती हो कि सब तुम्हारे हिसाब से चले।

(शाश्वती मौन रहती है।)

अतिरेक : आख़िर तुम चाहती क्या हो?

शाश्वती : मुझे समझ में नहीं आता कि मैं क्या चाहती हूँ लेकिन यह तो तय है कि तुम्हे चाहती हूँ।

(समग्र बेचैन होकर ब्रश चलाता है। समग्र पर प्रकाश–वृत्त धीरे–धीरे कम होता है।

शाश्वती अतिरेक के बहुत पास आती है। प्रकाश कुछ मन्द होता है।)

शाश्वती : अतिरेक...

शाश्वती : अगर मैं अतिरेक को पाना चाहती हूँ तो ग़लत हूँ क्या?

(अतिरेक मौन है।)

शाश्वती : *(आवेश के साथ आवाज़ ऊँची होती जाती है।)*
तुम बोलते क्यों नहीं?
बोलो अतिरेक?

शाश्वती : *(अतिरेक को झकझोरती है और क़रीब–क़रीब चीख़ते हुए)* आई लव यू अतिरेक...

*(अतिरेक व्यंगात्मक रूप से मुस्कुराता है।
अपने ज़ोन में समग्र के चेहरे पर हताशा के भाव।
इसके साथ ही दोनों ज़ोन में अन्धकार।)*

दृश्य चार

(हॉस्टल का एक कमरा। एक रैक में कुछ किताबें व रैक के ऊपरी हिस्से पर कुछ फ़ोटोग्राफ्स। एक छोटी मेज़ और कुर्सी। साथ में एक सिंगल बेड। एक छोटे–से तिपाई पर टू–इन–वन व कुछ कैसेट्स। टू–इन–वन से किशोरी अमोनकर की आवाज में कबीर का पद 'रहना नहीं ये देश बिराना है', बज रहा है। आस्था खादी के कुर्ते व सलवार में मेज़ पर रखे लैंप की रोशनी में कुछ लिख रही है।

दरवाज़े पर दस्तक होती है। आस्था बिना ध्यान दिये लिखने में तल्लीन रहती है। तभी दरवाज़े पर पुनः दस्तक होती है। आस्था चौकन्ना होकर चेयर खिसकाकर उठती है और दस्तक की आवाज़ को ढूँढ़ने का प्रयास करती है। तीसरी बार दस्तक होने

पर वह दरवाज़े की ओर बढ़ती है और आशंका के भाव लिए दरवाज़ा खोलती है। दरवाज़ा खुलने पर अस्त–व्यस्त समग्र को देखकर उसके चेहरे पर हड़बड़ी और विस्मय के भाव उभरते हैं।)

आस्था : सर आप?

समग्र : क्या मै यहाँ नहीं आ सकता?

आस्था : नहीं सर, मुझे तो विश्वास ही नहीं हो रहा है कि आप यहाँ आये हैं। सब कुछ एक सपना सा लग रहा है।

समग्र : हम जैसे लोग हरदम सपने में ही क्यों जीते हैं?

आस्था : नो...सपने में नहीं जीते सर। लेकिन पता नहीं क्यों कभी–कभी यथार्थ भी सपना लगता है।

समग्र : लगता नहीं, हम लोग यथार्थ को महसूस नहीं करना चाहते, भागते हैं। एक काल्पनिक दुनिया में जीते रहते हैं।

आस्था : कुछ समझी नहीं?

समग्र : अब यही देखो कि महान कला चिन्तक कुमारी आस्था गोडबोले के दरवाज़े पर मैं पिछले पाँच मिनट से खड़ा हूँ और वो एक बूढ़े व्यक्ति को बैठने के लिए भी नहीं पूछ रही हैं। इज़ इट नॉट रिजेक्शन ऑफ़ रियलिटी?

आस्था : *(खिलखिलाकर)* ओह नो...सर। आई एम सॉरी।

(समग्र पूरे कमरे का मुआयना करते हुए भीतर आता है। आस्था कुर्सी खींचकर समग्र के बग़ल में लगाती है।)

समग्र : *(मेज़ पर रखी हुई किताब को उठाता है)* 'लस्ट फ़ॉर लाइफ़' – इरविंग स्टोन। मरना चाहती हो क्या?

आस्था : दूसरी बार पढ़ रही हूँ। इस किताब को मेरे डैड ने गिफ्ट किया था। आज से चार साल पहले मेरे बर्थडे पर। तब मैंने इसको कैजुअली लिया था।

समग्र : और अब?

आस्था : अब तो लगता है कि यह किताब मेरी ज़िन्दगी का हिस्सा बन गयी है। वॉन गॉग ने अपने सैंतीस साल के छोटे से जीवन में कितना कुछ किया। यूरोपियन चित्रकला की परम्परा को तोड़कर ज़िन्दगी भर प्रयोग करते रहे और उनको मिला क्या?

समग : *(हँसते हुए)* क्यों नहीं मिला? वॉन गॉग को मिली एक पागल लड़की जोकि उनके न रहने के सौ साल बाद भी उनको पढ़ रही है।

आस्था : आई एम सीरियस सर। क्या सभी कलाकारों की यही नियति होती है?

समग्र : होती नहीं, हम सब बनाते हैं। नहीं रख पाते हैं सन्तुलन, ख़ुद से और दुनिया से। और अन्त में ख़ुद ही मारते हैं अपने आपको।

(समग्र कुछ लड़खड़ाता हुआ कुर्सी पर बैठता है। लगता है खड़े होने की शक्ति नहीं है। बैठने में कुर्सी का संतुलन बिगड़ता है। वह गिरने को होता है। आस्था उसे सँभालती है और कुर्सी पर बैठने में सहायता करती है। समग्र का शरीर छूते ही वह चौंक उठती है।)

आस्था : सर, आपको तो तेज़ बुखार है। आप निकले क्यों?

समग्र : *(कुर्सी पर बैठे–बैठे असहाय सा मेज़ पर सिर टिकाता है।)* ख़ुद से दूर जाने के लिए।

(करुण संगीत)

आस्था : सर...

(समग्र मौन)

(संगीत जारी)

(आस्था धीरे से समग्र को हाथ लगाकर सहारा देकर उठाती है और कुर्सी पर ठीक से बिठाती है। समग्र अर्द्ध चेतन अवस्था में अब कुर्सी पर पीछे सिर टिकाये बैठा है। आस्था व्यग्रता के साथ दवाइयाँ ढूँढ़ती है। दवा तिपाई पर रखती है।)

आस्था : सर चाय लाती हूँ।

(प्रकाश–वृत्त अब केवल समग्र पर।)

समग्र : *(लगता है कहीं खोया हुआ है।)* शाश्वती, तुम कह रही थी कि मैं ऊब गयी हूँ इस घर में भरे वार्निश, पेंट और तारपीन की दुर्गन्ध से। तुम अतिरेक के

साथ दुनिया घूमने की बात कर रही थी। अगर वर्ल्ड टूर पर जाना तो तुम इटली ज़रूर जाना। वहाँ हरकुलेनियम के अवशेषों को देखना।

(इसी बीच आस्था तेज़ी से चाय लेकर आती है और साथ में एक भीगी हुई पट्टी भी। समग्र को कुछ बड़बड़ाते सुन शान्त खड़ी रह जाती है।)

हरकुलेनियम, महान रोमन साम्राज्य का एक महान नगर। पूरा का पूरा नगर आग के लावे में दब गया था। मेरी ज़िन्दगी की तरह दुर्लभ कलाकृतियों को अपने आग़ोश में समेटे। सब लील ले गया था लावा। अनगिनत कलाकृतियाँ खुदाई के बाद मिलीं।

सुन रही हो शाश्वती...!

(समग्र उठने की कोशिश करता है। आस्था उसे सँभालते हुए गीली पट्टी उसके सर पर रखती है। समग्र की आंखें मुँदी हुई हैं।)

समग्र : शाश्वती...

(संगीत)

(आस्था कुछ बोल नहीं पाती।)

समग्र : शाश्वती, हरकुलेनियम...मैं तुम्हारे साथ जाना चाहता था।

आस्था : सर, शाश्वती मैम को आप घर छोड़कर आये हैं। ये दवाइयाँ लीजिए।
(समग्र की तन्द्रा भंग होती है)

समग्र : आस्था, कहीं से एक सिगरेट मिलेगी?

आस्था : सॉरी, मैं तो पीती नहीं।

समग : पता नहीं महिलाएँ सिगरेट से नफ़रत क्यों करती हैं?

आस्था : सिगरेट से नहीं, सिगरेट पीने वालों से। क्योंकि बाद में होने वाली परेशानियों से महिलाएँ ही रू–ब–रू होती हैं।

समग्र : वहीं शाश्वती की भाषा। हर स्त्री एक समय बाद पत्नी की भाषा क्यों बोलने लग जाती है?

आस्था : शाश्वती मैम आपका पीछा यहाँ भी नहीं छोड़ रही हैं।

(चाय का कप पकड़ाती है।)

समग्र : पीछा नहीं कर रही है। वह तो भाग रही है मुझसे। बार–बार कहती है कि मोनोटनस हो गयी है लाइफ़ उसकी।

आस्था : समझ में नहीं आता कि इतने रंगों से खेलने वाले के साथ किसी की लाइफ़ मोनोटनस कैसे हो सकती है?

(समग्र चाय की प्याली उठाता है। उठने की कोशिश करता है।)

आस्था : आप मूवमेंट बिल्कुल न करें। इस समय आपको रेस्ट की ज़रूरत है।

समग्र : मेरा मूवमेंट न करना ही तो खलता है उसे। एक छोटे–से स्टूडियो में क़ैद रहने वाला इन्सान। न शॉपिंग से मतलब, न पार्टी, न फ़िल्म, न टेलीविजन। आस्था, यह भी कोई जीवन है?

आस्था : *(कुर्सी पर बैठकर चाय पीते हुए।)* शाश्वती मैम को तो पता ही होगा कि जीवन में कुछ अलग करने के लिए बहुत कुछ अपने आप छूटता चला जाता है।

समग्र : लेकिन मेरे जीवन के यज्ञ–कुण्ड में वह क्यों जले?

आस्था : सर, यह जलना नहीं है। शी इज लकी दैट शी इज लिविंग विद यू। वह आपके साथ रह रही हैं।

समग्र : अभी तक इसी ग़लतफ़हमी में था कि वह मेरे साथ रह रही है। लेकिन धीरे–धीरे मुझे समझ में आने लगा कि इट इज एक्स्ट्रीमली पर्सनल। उसे जो कुछ चाहिए वह मुझसे नहीं मिल पा रहा है। आस्था, तथाकथित महानता से जीवन सुखी नहीं होता।

आस्था : महानताएँ सामान्य जीवन जीने के लिए वक़्त लिया करती हैं सर।

समग्र : सालों से उसी वक़्त का तो इन्तज़ार कर रहा हूँ। मेरे मन में भी ख़्वाहिश थी कि मैं शाश्वती के लिए वो सब कुछ करूँ जो उसे चाहिए, लेकिन नहीं कर सका। पहली बार जब वह फ़्लाइट से उड़ी तो वह टिकट भी अतिरेक ने उसे गिफ़्ट किया था।

पूरी जर्नी के दौरान मुझे बार–बार यह एहसास होता रहा कि शाश्वती के बग़ल में मैं नहीं, बल्कि अतिरेक बैठा है।

आस्था : जब आपका मन नहीं था, तो नहीं जाना चाहिए था।

समग्र : केवल इसलिए कि जिस ख़ुशी को मैं नहीं दे सकता, यदि उसे मिल रही हो तो बाधक न बनूँ।

आस्था : जीवन इतना भी कॉम्प्लिकेटेड होता है क्या सर?

समग्र : नहीं, कभी–कभी हमारी सिम्पलसिटी इसे कॉम्प्लेक्स बना देती है। चलूँगा अब। आज संडे है, शाशा का फ़ोन आयेगा। नहीं मिलूँगा तो वह सोचेगी कि आज फिर मम्मी–पापा लड़ बैठे हैं। कम से कम उसकी ख़ुशी के लिए घर पर रहना ज़रूरी है।

आस्था : आप सबको ख़ुश देखना चाहते हैं। सबके छोटे से छोटे दुःख को भी अपना बना लेना चाहते हैं। फिर भी।

समग्र : हाँ, लेकिन सबके ख़ुशियों की परिभाषा अलग–अलग होती है। यहाँ सिगरेट नहीं मिलेगी न?

आस्था : सर, बार–बार सिगरेट?

समग्र : कम से कम यही तो एक है जो मेरा साथ निभा रही है।

आस्था : *(हँसते हुए)* कहाँ निभा रही है? देखिए, आपका सिगरेट पीने का मन है लेकिन आपको मिल नहीं पा रही है।

समग्र : यही मेरी नियति है। वैसे एक बात बताऊँ। तुम कभी जीवन में शादी न करना और मेरे जैसा कोई पेंटर मिल जाये तो कभी नहीं।

आस्था : सर, मैं भी आपको एक बात बताऊँ? अगर आप जैसा कोई मिल जाये तो मैं यहीं सात फेरे लगा लूँ, अभी।

समग्र : ख़ुश नही रह पाओगी। स्टूडियो में केतली भर–भर के चाय पहुँचाती रहोगी। एनिवर्सरी पर तुम्हें एक साड़ी भी नहीं दे पायेगा।

आस्था : उसको समझाऊँगी कि तुम आराम से पेंटिंग करो और मैं पेंटिंग्स की मार्केटिंग करूँगी। साड़ी–वाड़ी का वैसे भी बहुत शौक़ नहीं है। उसका ख़र्च ख़ुद ही निकाल लूँगी। उसका कोई टेंशन नहीं होगा।

समग्र : कुछ ऐसी ही बातें शुरू–शुरू में शाश्वती भी कहती थी।

आस्था : आपने तो सब कुछ करने की कोशिश की ही है? आज भी एक काँटा चुभ जाए मैम के पैर में तो चीख़ आप पड़ते हैं।

समग्र : मैंने कहा न, सिर्फ़ काँटा निकालना ही काफ़ी नहीं है। ज़रूरी यह है कि राह में काँटे ही न हों।

आस्था : जिस राह में काँटे ही न हो वह भी कोई राह है क्या? काँटे चुभना और काँटे निकालना, है न इंटरेस्टिंग सर?

समग्र : आस्था, बीथोवन को तो जानती ही होगी?

आस्था : भला बीथोवन को कौन नहीं जानता। महान संगीतकार।

समग्र : उसके जीवन का एक दौर वह भी था जिसमें वह घर बसाकर सुखी जीवन के सपने देखा करता था। लेकिन आख़िर में उसने अकेलापन ही चुना। उसका यह कठोर फ़ैसला बाहरी परिस्थितियों से इतना प्रेरित नहीं था, जितना एक क्रिएटर की इंटरनल डिमांड थी। बीथोवेन की क्रिएटिविटी स्प्रिचुअल थी और ऐसे प्रोफ़ेशन के लिए समर्पण के अलावा कोई रास्ता नही होता। उसे हर तरह की विलासिता और भौतिक सुखों से घृणा थी और किसी भी साधना के लिए ये ज़रूरी है।

आस्था : लेकिन क्या बीथोवेन को कभी प्यार की ज़रूरत नहीं रही होगी?

(समग्र मौन रहता है।)

आस्था : सर...

समग्र : प्यार या पत्नी ? उसे बेशुमार प्यार मिला और उसने प्यार किया भी लेकिन वह किसी को अपनाता तो वह सब कुछ नहीं दे पाता जो चाहिए होता है। बीथोवन भी मेरे जैसा हो जाता जो अपने हिसाब से सब कुछ दे रहा है लेकिन पाने वाले को कुछ नहीं मिल रहा है।

आस्था : आप ऐसा क्यों सोचते हैं?

समग्र : सिर्फ़ सोचता नहीं, बल्कि यही सच है। पूरा सच। अब चलूँगा।

आस्था : सर...।

(समग्र आस्था की ओर पलटता है।)

आस्था : आप बिल्कुल अकेले नहीं हैं। मैं आपके साथ हूँ।

(समग्र मौन है।)

(आस्था आगे बढ़ती है। समग्र के दोनों हाथों को अपने हाथ में लेती है।)

(संगीत)

(तभी कोई दरवाज़ा खटखटाता है।)

आस्था : दरवाज़ा खुला है, आ जाइए...।

(दरवाज़े से तेज़ी से शाश्वती का प्रवेश।)

शाश्वती : *(कुछ व्यग्र, कुछ आवेश में)* कम से कम घर पर फ़ोन तो कर दिया होता। तुम्हारे सभी दोस्तों के यहाँ पता करने के बाद यहाँ आयी हूँ।

आस्था : सर को बहुत तेज़ बुख़ार है।

शाश्वती : *(माथे पर हाथ लगाती है)* बुख़ार के लिए दवा की ज़रूरत होती है। घर में तो ये रहना ही नही चाहते। क्या ज़रूरत थी घर से निकलने की?

समग्र : शाश्वती!

आस्था : मैम, सँभालिए सर को...।

शाश्वती : सबको लगता होगा कि मैं ही ग़लत हूँ।

आस्था : कोई ग़लत नहीं है। कभी–कभी समय ठीक नहीं होता है।

समग्र : हाँ, और इस समय मेरा समय ठीक नहीं चल रहा है।

शाश्वती : जब बुख़ार में भी घर में न रहा जाये तो समय ठीक न होना ही कहा जायेगा।

(शाश्वती पलटकर जाती है। समग्र एक नज़र आस्था पर डालता है और थके क़दमों से बाहर निकल जाता है। आस्था वापस कमरे में आती है और निढाल होकर बिस्तर पर गिर जाती है। अन्धकार)

(संगीत)

दृश्य पाँच

(अप स्टेज पर बेड पड़ा है। बेड पर समग्र सो रहा है। स्वप्न का दृश्य।

नीला प्रकाश केवल समग्र पर केन्द्रित है, शेष मंच पर अन्धकार।

अचानक एक चेयर पर एक धुंधली सी आकृति दिखायी पड़ती है।

स्वप्न को इंडीकेट करता संगीत।

हम देखते हैं कि समग्र कैनवास पर पेंटिंग कर रहा है। उसे अचानक हँसने की आवाज सुनाई देती है वह पलटता है।)

समग्र : *(आश्चर्य मिश्रित)* कौन हैं आप?

अतिरेक : अरे, आप मुझे नहीं जानते? मुझे तो सब जानते हैं। *(हँसता है)*

समग्र : लेकिन मैं नहीं जानता।

अतिरेक : क्यों ...मेरे बारे में घर में बात नहीं होती?

समग्र : कोई बात नहीं होती भाई...और आप कैसे घुस आये घर में? दरवाज़ा किसने खोला?

अतिरेक : *(हँसता है)* मेरे लिए दुनिया का कोई भी दरवाज़ा बन्द नहीं रहता। मैं खुल जा सिम सिम बोलता हूँ और दरवाज़ा अपने आप खुल जाता है।

समग्र : अच्छा... तो आप या तो अलीबाबा हैं या उसके चोर हैं।

अतिरेक : *(हँसता है)* आप चाहे जो समझ लें लेकिन देखिये मुझे आना था और मैं आ गया।

समग्र : ये तो बदतमीजी है। किसी के घर में बिना बताये चले आइए और ऊपर से हँसिए भी। ये भी कोई बात हुई?

अतिरेक : *(हँसता है)* मैं कहीं भी जाता हूँ तो बताने की ज़रूरत नहीं पड़ती।

समग्र : मगर आप हैं कौन? भूत–वूत हैं क्या?

अतिरेक : अतिरेक। अतिरेक हूँ मैं।

(संगीत)

समग्र : ओह, क्यों आये हैं?

अतिरेक : आपको देखने।

समग्र : आने की क्या ज़रूरत थी? फोन भी कर सकते थे।

(हँसता है।)

अतिरेक : मैं एक देवता जैसे महान कलाकार के बारे में सुनता आया था तो उस देवता को देखने की इच्छा हुई और चला आया।

समग्र : देख लिया न? अब जाइये। मेरा दम घुटता है किसी अनजान से बात करते हुए।

अतिरेक : आपके लिए मैं अनजान हो सकता हूँ लेकिन आप के बारे में सब कुछ जानता हूँ। अरे हाँ, मैं तो ये भी जानता हूँ कि आप पर कौन रिसर्च कर रहा है और वो रहती कहाँ है ? और मेरे बारे में भी आप सब कुछ जानते होंगे।

(हँसता है)

समग्र : नहीं, कुछ नही जानता। केवल एक बात अभी–अभी जाना कि आप हँसते बहुत हैं और हंसने का काम हो गया हो तो आप जायें।

अतिरेक : ठीक है। बस आपको देख लिया, अब चलता हूँ। आपने पानी भी नहीं पूछा। कोई बात नहीं, मैं ख़ुद ही लेकर पी लेता हूँ।

(गिलास में पानी भर के पीता है, फिर विंग्स की ओर बढ़ता है)

(हँसता है)

समग्र : अरे, आपने अपने पिताजी का घर समझ रखा है क्या?

अतिरेक : आप तो पढ़े लिखे हैं न, वो क्या है 'कुटुम्बम वसुधा'।

समग्र : कुटुम्बम वसुधा नही, वसुधैव कुटुम्बकम् होता है। लगता है आप पढ़े लिखे भी नहीं हैं।

(अतिरेक हँसता है)

हद है आप अब भी हँस रहे हैं?

अतिरेक : मैं आपको एक बात बताना चाहता हूँ, *(हँसते हुए)* मैं शादी करने जा रहा हूँ।

समग्र : अरे भाई, आप शादी करें, हनीमून पर जायें या बच्चे पैदा करें, इस से मुझसे क्या मतलब?

अतिरेक : मतलब है। मैं शाश्वती से शादी करने जा रहा हूँ,
(संगीत)
(समग्र अवाक रह जाता है।)
(अतिरेक हँसता है।)

समग्र : *(आवेश में)* देखिये मैं ज्योतिष भी जानता हूँ, और मेरी कुण्डली में लिखा है कि मेरे हाथ से एक मर्डर होगा।

अतिरेक : आप तो मुझे छू भी नहीं सकते। मर्डर तो बहुत दूर की बात है। छूकर देखिये।

(समग्र उसकी ओर बढ़ता है। उसे छूने की कोशिश करता है।

संगीत।

अतिरेक हँसते हुए गोल–गोल घूमता है,। समग्र भी गोलाई में आगे बढ़ने की कोशिश करता है,

लेकिन उसे छू नहीं पाता। दोनों गोलाई में घूम रहे हैं।)

अतिरेक : देखा। मैंने कहा था ना। और कोशिश कीजिए। *(दोनों फिर वही दोहराते हैं)*

अतिरेक : अब आप कुर्सी पर बैठ जाइए। थक गये होंगे और देखिये मेरा जादू।

समग्र : मैं क्यों बैठूँ? ये आपका घर नहीं है, मेरा घर है। मेरा जो मन है वो करूँगा।

(अतिरेक उसका हाथ पकड़ता है और उसे कुर्सी पर बिठाता है।

समग्र यन्त्र चालित सा कुर्सी पर बैठता है।

अतिरेक ताली बजाता है,

नीली रोशनी में शाश्वती प्रकट होती है)

शाश्वती : (अतिरेक से) कितनी देर कर दिया आपने? मैं कब से इंतजार कर रही हूँ।

समग्र : (आवेश में) शाश्वती...।

(शाश्वती को कुछ सुनाई नहीं देता,)

समग्र : शाश्वती ...तुम्हे सुनाई नहीं देता क्या?

शाश्वती : *(समग्र से)* अरे, तुम बैठे–बैठे क्या कर रहे हो? गेस्ट आये हैं, ...चाय तो बना दो। हाँ, अदरक ज़रूर डाल देना। अतिरेक को अदरक वाली चाय बहुत पसन्द है।

समग्र : चाय की ऐसी तैसी। ये हैं कौन? और क्यों आया है यहाँ?

शाश्वती : अरे, अतिरेक को नहीं पहचानते? आज हम दोनों डांस करेंगे। आज डांस का शेड्यूल है अपना। लेट अस डांस। म्यूजिक।

(अतिरेक म्यूजिक ऑन करता है, संगीत बजता है।

दोनों हाथ पकड़ कर डांस करते हैं। समग्र कुर्सी से उठ कर म्यूजिक को बन्द करने की कोशिश करता है, लाख कोशिश के बाद भी वहाँ तक नही पहुँच पाता)

अतिरेक : *(डांस करते हुए)* आप कोशिश न कीजिए। यहाँ तक नहीं पहुँच पायेंगे।

समग्र : बन्द करो ये सब। बन्द करो। बेशर्मी की हद है।

(शाश्वती और अतिरेक दोनों खिलखिलाते हुए डांस करते रहते हैं। तभी भागते हुए शाशा का प्रवेश। संगीत कुछ मन्द होता है। लेकिन दोनों डांस करते रहते हैं।)

शाशा : डैड...

(समग्र से लिपट जाती है...)

समग्र : शाशा....

शाशा : ममा कहाँ हैं? मुझे बहुत भूख लगी है।

समग्र : ममा को देख नहीं रही हो? उधर देखो।

शाशा : मुझे तो कहीं नहीं दिख रही हैं। आप भी न डैड। मैं किचन में जा रही हूँ। ममा पता नही कब आयेंगी।

(शाशा निकलती है।

संगीत फिर पहले जैसा तेज होता है।)

शाश्वती : *(डांस करते हुए)* अरे, तुम अभी तक चाय नहीं ले आये?

अतिरेक : देखिये, किचन तक आप जा सकते हैं। तब तक के लिए अपना जादू मैं होल्ड कर लेता हूँ।

(समग्र तेजी से किचन की ओर जाता है और एक चाकू लेकर लौटता है।)

(अतिरेक को मारने के लिए अवसर की तलाश करता है और जैसे ही मारने जाता है, शाश्वती चीखते हुए चाकू छीनती है।)

शाश्वती : समग्र...

(संगीत के साथ मंच पर अन्धकार। अब प्रकाश केवल समग्र के बेड पर। वह नींद में ऊँचे स्वर में बड़बड़ा रहा है।)

समग्र : छोड़ दो मुझे। मेरे हाथ में एक मर्डर लिखा हुआ है। छोड़ो शाश्वती।

(स्लीपिंग गाउन में शाश्वती आती है)

शाश्वती : क्या हुआ? किसका मर्डर कर रहे हो?

(समग्र हाँफते हुए उठता है)

समग्र : वो आया था।

शाश्वती : कोई नहीं आया था। इतनी रात में कौन आता है। लो, पानी पियो। कोई सपना देख रहे थे तुम।

समग्र : *(पानी पीते हुए)* काश, सपना ही होता।

शाश्वती : सो जाओ, अभी बहुत रात है।

(शाश्वती समग्र को लिटाती है, चादर ओढाती है।)
(अन्धकार।)

दृश्य छह

(वही ड्राइंग रूम। समय यही कोई शाम के 6 बजे। अप स्टेज पर एक बेड पड़ा है। बेड पर बीमार समग्र।

फ़ोन की घण्टी बजती है। प्रकाश–वृत्त फ़ोन वाले स्थान पर। फ़ोन की घंटी काफ़ी देर तक बजती रहती है। अन्तिम बार जब बजती है तो समग्र बिस्तर से उठने की कोशिश करता है। तब तक घण्टी बन्द हो जाती है।

घण्टी दोबारा बजती है। इसी समय चाय की ट्रे लेकर शाश्वती का प्रवेश। घण्टी की आवाज़ सुनकर वह ट्रे को सेन्टर टेबल पर रखती है। फ़ोन उठाती है।)

शाश्वती : हैलो, मैं बोल रही हूँ। कैसे हैं आप?

(समग्र 'कैसे हैं आप', सुनकर धीरे–से बेड पर लेट जाता है।

प्रकाश–वृत्त धीरे–धीरे बेड पर से समाप्त होता है।

अप स्टेज पर फ़ोन ज़ोन में धुँधली रोशनी। अतिरेक फोन पर हैं।)

अतिरेक : क्या मेरी आवाज़ साफ़–साफ़ सुनाई पड़ रही है?

शाश्वती : हाँ...हाँ।

अतिरेक : मेरा एक बिजनेस टूर बन रहा है गोवा का। वहाँ का कार्निवल भी चल रहा है। तुम तो गयी ही होगी?

शाश्वती : नहीं। शादी के बाद तो जैसे घूमना–टहलना सब बन्द।

अतिरेक : पतिदेव कहाँ हैं?

शाश्वती : बुख़ार है। बेड पर हैं, सो रहे हैं।

अतिरेक : तब तो तुम पति परमेश्वर की सेवा में लगी होगी।

शाश्वती : उन्हें मेरी सेवा लेने में यक़ीन नहीं है।

अतिरेक : अब उन्हें शाश्वती रास नहीं आ रही है क्या?

(प्रकाश वृत्त समग्र पर।)

शाश्वती : देख़ो, इस समय मैं मज़ाक़ के मूड में नहीं हूँ। अच्छा हो कि तुम एकाध घण्टे के लिए यहाँ आ जाओ। गोवा के बारे में यहीं डिस्कस कर लेंगे।

अतिरेक : ठीक है...मैं एक मीटिंग में हूँ। अगर जल्द ख़त्म हो गयीं तो, आठ बजे तक।

शाश्वती : मैं इन्तजार करूँगी।

(शाश्वती फ़ोन काटती है। तेज़ी से सेंटर टेबल पर रखी चाय की ओर लपकती है।)

शाश्वती : बुख़ार कैसा है? चाय ले आयी हूँ।

समग्र : *(बिस्तर पर लेटे–लेटे ही)* बुख़ार आना बहुत ज़रूरी होता है, पूरे सिस्टम का टेस्ट हो जाता है। हाँ, देखो, कहीं चाय ठण्डी तो नही हो गयी?

शाश्वती : तुम उठकर चाय ले भी सकते थे। तुम्हारे साथ यही प्रॉब्लम है, चाय ठण्डी करो और बार–बार मैं गरम करती फिरूँ।

समग्र : *(बिस्तर से उठते हुए)* रहने दो। इतने सालों से आदत पड़ गयीं है ठण्डी चाय पीने की।

शाश्वती : *(चाय की ट्रे लेकर उठती है)* मेरी भी आदत पड़ गयी है ठण्डी चाय को बार–बार गरम करने की।

(शाश्वती जाती है।)

(समग्र उठता है। धीरे–धीरे फ़ोन के पास जाता है। कोई नम्बर डायल करता है।)

समग्र : हैलो, सरोजनी नायडू हॉस्टल? क्या आप मुझे आस्था गोडबोले से बात करा सकते हैं? मैं समग्र बोल रहा हूँ।

जी हाँ, मैं होल्ड कर रहा हूँ।

(मन्द संगीत)

(समग्र उधर से आने वाले फ़ोन का इन्तज़ार करता है। फोन ज़ोन में आस्था दिखलायी पड़ती हैं।)

आस्था : कैसे हैं सर? फीवर कैसा है?

समग्र : एकदम ठीक हूँ। बुख़ार उतर गया।

आस्था : नहीं उतरा होगा फिर भी आप बोलेंगे कि उतर गया है। है न?

समग्र : बुख़ार कोई बड़ा संकट नही होता आस्था।

आस्था : सर, क्या हुआ? सब ठीक तो है?

समग्र : आस्था, तुम यहाँ आ सकती हो क्या?

आस्था : लेकिन सर।

समग्र : तुम क्या कहना चाहती हो, मुझे पता है।...ये मेरा भी घर है।

(शाश्वती का प्रवेश। वह बात करते हुए समग्र को सुनती है।)

आस्था : सर, थोड़ी देर लगेगी। आठ बज जायेंगे।

समग्र : आठ बजे। ठीक है।

शाश्वती : आठ बजे कहीं जाना है क्या?

समग्र : *(स्पीकर को हाथ से दबाकर।)* जाना नहीं, किसी को आना है।

(स्पीकर से हाथ हटाता है।)

(आस्था से) सेक्रेटेरिएट की गैलरी डेकोरेट करने की बात एक बार तुमने कही थी न। कोई सेक्रेटरी साब हैं, जिन्हें मेरी पेंटिंग बहुत अच्छी लगती है। डिटेल में बात करना चाहता हूँ। मैं तुम्हारा इन्तज़ार कर रहा हूँ।

(समग्र फोन रखता है।)

(फोन ज़ोन में आस्था भी फ़ोन रखती है।)

समग्र : वैसे भी जब फ़ोन पर किसी से बात करते हैं तो बीच में नहीं बोलते शाश्वती।

शाश्वती : तुम्हें एक लड़की क्या मिल गयी, तुम्हारे तो पैर ही ज़मीन पर नहीं पड़ रहे हैं।

समग्र : इसी तरह तुम भी मुझे पन्द्रह साल पहले मिली थी तब भी मेरे पैर ज़मीन पर नहीं पड़ रहे थे।

शाश्वती : तुम मुझे उस वाहियात सी लड़की से कम्पेयर कर रहे हो?

समग्र : (आवेश में) चुप रहो शाश्वती। किसी को भी कुछ कहने से पहले सोच लिया करो। वो एक जीनियस आर्ट क्रिटिक है। ऐसी–वैसी लड़की नहीं है और सबसे बड़ी बात यह है कि वो मेरा सम्मान करती है और मेरे साथ तुम्हारा भी।

शाश्वती : मुझे नहीं चाहिए किसी का सम्मान। अपने पास रखो जीनियस और इंटेलेक्चुअल्स। साले झोला छाप। हमारे घर की चाय सुड़कने वाले।

समग्र : उसी में से एक झोलाछाप आज आ रही है घर पर। अच्छा हो कि शान्ति बनी रहे घर में।

शाश्वती : लेकिन आठ बजे कोई गेस्ट आ रहा है। मैंने टाइम दिया है।

समग्र : और मैंने भी इस घर में अपने गेस्ट को बुलाया है। अच्छा हो उस स्पेशल गेस्ट को कहीं और ले जाकर मीटिंग करो।

शाश्वती : *(तमतमाकर)* तुम्हें पता है तुम क्या बोल रहे हो?

(तभी डोर बेल बजती है।)

(शाश्वती अपने को संयत करती है। उसे लगता है कि अतिरेक आ गया है। दरवाज़ा खोलती है।)

आस्था : मैं जल्दी आ गयी। आप ठीक तो हैं न?

समग्र : *(मौन)*

आस्था : बोलिए न, तबियत कैसी है अब?

(शाश्वती की ओर देखती है।)

शाश्वती : शायद अब तबियत ठीक हो जाये। तुम जो आ गयी हो।

समग : शाश्वती, अच्छा हो कि मेरे पर्सनल मामले में तुम न बोलो।

(आस्था समग्र के पास जाती है। माथे को छूती है।)

आस्था : बुख़ार तो उतना ही है। आप रेस्ट क्यों नहीं करते? पहले ठीक हो जायें, काम वग़ैरह की बातें तो कभी भी हो सकती हैं।

(शाश्वती लम्बी सांस ल़ेती है। आस्था समग्र को चादर ओढ़ाती है। तभी डोर बेल बजती है। शाश्वती सोफ़े से उठती नहीं है। बेल फिर होती है। आस्था जाकर दरवाज़ा खोलती है। अतिरेक का प्रवेश।)

अतिरेक : सॉरी शाश्वती, मीटिंग कैंसल होने के कारण जल्दी आ गया। क्या बात है? तुम्हारी तबियत ठीक नहीं है क्या?

समग्र : *(बिस्तर से उठते हुए)* सॉरी मि. अतिरेक, शाश्वती की नहीं उसके पति की तबियत ठीक नहीं है इसलिए आज वह कुछ परेशान है और दूसरी बात यह है कि उसका पति आज घर पर ही है।

शाश्वती : समू, अच्छा हो कि तुम रेस्ट करो।

समग्र : अब तक तो रेस्ट ही करता आया हूँ।

शाश्वती : *(कुछ सहज होते हुए)* ये समग्र हैं।

अतिरेक : *(नमस्कार की मुद्रा में हाथ जोड़ता है।)* ओह, आपके बारे में बहुत सुना है। आपसे मिलकर ख़ुशी हुई।

समग्र : *(बिस्तर से उठकर ड्राइंग रूम ज़ोन में आते हुए)* हाँ, मैं भी आपके बारे में बहुत सुनता रहता हूँ।

अतिरेक : *(कुछ परेशान होते हुए)* वैसे आप हैं बहुत इंटरेस्टिंग।

शाश्वती : समग्र बहुत जॉली नेचर के हैं।

अतिरेक : शाश्वती, गोवा में एक बहुत बड़ा बिजनेस–एक्स्पो लग रहा है। मैं तो सलाह दूँगा कि ग्लोबलाइजेशन की थीम पर समग्र साहब की पेंटिंग की एक एक्जीबिशन अगर वहाँ पर लग जाये तो इन्हें काफ़ी शोहरत मिलेगी।

समग्र : हाँ, और उस एक्स्पो की मीटिंग के लिए आपको इसके पहले गोवा की विजिट करनी है। एक्स्पो को शायद शाश्वती का डिपार्टमेंट भी कोऑर्डिनेट करे, तो हो सकता है कि शाश्वती को भी वहाँ जाना पड़े। मि. अतिरेक, मैं ग़लत तो नहीं कह रहा।

अतिरेक : *(गुस्से में)* शाश्वती, इट इज़ टू मच। मैं अब यहाँ एक पल भी नहीं रुक सकता।

शाश्वती : *(गुस्से को दबाती हुई)* समू, ये क्या बेहूदगी है? जानते नहीं अतिरेक कितने बड़े आदमी हैं?

समग्र : जानता हूँ। अच्छी तरह जानता हूँ। पॉलिटिशियन्स और सरकारी अफसरों के दलाल।

शाश्वती : *(चीख़ते हुए)* शट अप समग्र।

समग्र : यू शट अप शाश्वती। तुम चुप रहो।

अतिरेक : आप जैसे पेंटर मेरी कम्पनी के पब्लिसिटी डिपार्टमेंट में नौकरी किया करते हैं मि. समग्र।

(इसी बीच आस्था गुस्से में उठकर तेज़ी से अतिरेक के सामने आती है।)

आस्था : आप अपने को समझते क्या हैं मि. अतिरेक? सर के बारे में कुछ जानते भी हैं आप? अगर आप सोचते हैं कि पैसे के बल पर दुनिया की हर चीज़ खरीदी जा सकती है, तो ये आपकी बहुत बड़ी भूल है। हैव यू हर्ड द नेम ऑफ़ रेम्ब्रां, माइकल एंजलो? क्या आप ख़रीद सकते हैं उन्हें?

शाश्वती : *(गुस्से में)* अच्छा हो कि हम लोगों के मामले में तुम न बोलो।

आस्था : माफ़ कीजिएगा शाश्वती मैम, ये केवल आपका मामला अब नहीं है। हम सभी का मामला है। सर, आपके साथ ही साथ पूरे समाज और दुनिया के भी हैं। वी आर प्राउड ऑफ़ हिम। अब तक आप उन्हें समझती क्या रहीं हैं?
(अतिरेक की ओर पलटती है।)

क्या आप जानते हैं मि. अतिरेक, गोवा के जिस बिजनेस एक्स्पो की बात कर रहे हैं, वो इवेंट किसकी देन है? जिसके दरवाज़े पर आप जैसे लोग हाथ बाँधे खड़े होकर उनसे मिलने का इन्तज़ार करते हैं, वो मि. समग्र पुरोहित की पेंटिंग्स के कितने बड़े दीवाने हैं, पता है आपको? हैव यू हर्ड द नेम ऑफ़ मि. सुमन्त गोडबोले?

अतिरेक : सेक्रेटरी, मिनिस्ट्री ऑफ़ कॉमर्स एंड इंडस्ट्री। उन्हें कौन नहीं जानता?

आस्था : ही इज माई डैड।

(सभी शॉक्ड होते हैं। सन्नाटा।

(संगीत)

अतिरेक रुमाल से चेहरे पर आये पसीने को पोंछता है।)

अतिरेक : ओह, आप उनकी बेटी हैं। आई एम सो सॉरी।

शाश्वती : *(अतिरेक के नज़दीक आती है)* अतिरेक।

अतिरेक : सॉरी शाश्वती टेक केयर ऑफ़ मि. समग्र। उनके आगे मैं बहुत अदना–सा इन्सान हूँ।

(अतिरेक तेज़ी से बाहर निकल जाता है। शाश्वती अतिरेक के पीछे–पीछे जाती है। अतिरेक जैसे ही जाता है वैसे ही वह पलटकर वापस आती है और एक बार समग्र और फिर आस्था को देखती है। पूरे माहौल में सन्नाटा। वह सोफ़े पर धम्म से गिरती हैं।)

(संगीत)

आस्था : सर, क्या मैं डैड से सेक्रेटिरिएट में पेंटिंग्स प्रोजेक्ट के लिए बात करुँ?

समग्र : आस्था, मुझे इस समय काम की बहुत ज़रूरत है। मैं हर तरह का काम करना चाहूँगा। चाहे साइन बोर्ड पेंटिंग ही क्यों न हो।

शाश्वती : क्या कहा? साइन बोर्ड पेंटिंग?

समग्र : हाँ।

शाश्वती : कान खोलकर सुन लो, मैने किसी साइन बोर्ड पेंटर से नहीं, एक ग्रेट पेंटर से शादी की है। जिसे दुनिया जानती है।

(आस्था मुस्कुराती है। तभी फ़ोन की घण्टी बजती है। शाश्वती फ़ोन के लिए उठने की कोशिश करती है। समग्र भी उठकर फ़ोन तक जाने की कोशिश करता है। आस्था उसे सोफ़े पर बैठाती है और ख़ुद जाकर फ़ोन उठाती है।)

आस्था : हैलो, जी, हाँ हैं, दोनों लोग हैं। आप कौन बोल रही हैं?

(फ़ोन दबाकर शाश्वती से) शाशा का बोर्डिंग से फ़ोन है। वो आपसे बात करना चाहती है।

(फोन ज़ोन में शाशा पर प्रकाश)

शाशा : ममा!

शाश्वती : हाँ, बेटा। बोलो।

शाशा : (खुश होकर) ममा, डैड को पद्मश्री मिला है।

शाश्वती : *(ख़ुश होकर)* क्या? डैड को पद्मश्री?

शाशा : हाँ, ममा। न्यूज़ ऑन करो।

(शाश्वती आस्था को टी.वी. ऑन करने का इशारा करती है।)

(प्रकाश—वृत्त सिमटकर टेलिफ़ोन और समग्र पर।)

(इसी बीच आस्था धीरे—से नेपथ्य में जाती है।)

शाश्वती : ओ.के. बेटे। हाँ, ऑन कर दिया है। न्यूज सुन लेते हैं फिर बात करते हैं।

(फोन ज़ोन पर जहाँ शाशा है, अन्धेरा)

(शाश्वती फ़ोन रखती है और धीरे–धीरे चलकर समग्र के पास जाती है। सोफ़े पर सिर टिकाये हुए समग्र के माथे पर हाथ रखती है। प्रकाश अब केवल समग्र और शाश्वती पर। समाचार जारी है।)

शाश्वती : समू! न्यूज सुनो।

(संगीत)

(समग्र स्क्रीन की ओर देखता है फिर शाश्वती की ओर। इस बीच आस्था चाय की ट्रे लेकर आती है और चाय की एक प्याली समग्र के पास रखती है। समाचार जारी है। समग्र आँखें मूँदे हुए सोफ़े पर फिर वैसे ही बैठ जाता है जैसे पहले था।)

शाश्वती : समू उठो, चाय पियो...नहीं तो फिर से मुझे गरम करनी पडगी।

आस्था : नहीं मैम, अब आपको सर की चाय कभी गरम नहीं करनी पड़ेगी...

(अब प्रकाश तीनों पर अलग–अलग केन्द्रित)

शाश्वती : क्यों?

आस्था : क्योंकि आज से सर कभी अपनी चाय ठण्डी होने ही नहीं देंगे।

शाश्वती : ये जीवन क्या है, ये मैं आज तक समझ ही नहीं पाई।

समग्र : *(चाय उठाते हुए)* मुझे तो लगता है कि गरम चाय और ठण्डी चाय के बीच के अन्तराल को जी लेना ही जीवन होता है।

(हँसता है।)

आस्था : *(मुस्कुराते हुए)* और मुझे लगता है कि यह एक यात्रा है। एक ऐसी यात्रा, जो अपने तमाम अधूरेपन से ही पूरी होती है।

शाश्वती : हाँ, सच तो यह है कि हम सब आधे–अधूरे हैं। जीवन में कोई भी पूरा नहीं होता। हमें अपनी अपूर्णता में ही पूर्णता की तलाश करनी चाहिए।

समग्र : अरे, मेरी चाय ठण्डी हो गयी क्या?

शाश्वती : *(बनावटी गुस्से में)* चुप रहो, अब नहीं करूँगी कभी चाय को गरम।

(तीनों एक दूसरे को देखते हुए खिलखिलाते हैं।)

(संगीत)

(धीरे–धीरे अन्धकार।)

❐❐